AF276531

Nos quitamos el sombrero...
no la cabeza

Ángel Fernández Lázaro

Nos quitamos el sombrero... no la cabeza

SAN PABLO

Colección dirigida por Silvia Martínez Cano y José María Pérez-Soba Díez del Corral

Ángel Fernández Lázaro (Madrid, 1982) es ingeniero de Caminos, Canales y Puertos y doctor en Sistemas de ingeniería civil por la Universidad Politécnica de Madrid; además se graduó en Ciencias religiosas en la Universidad de Deusto. Laico marista y miembro de las fraternidades del movimiento Champagnat, tras dedicar los primeros años de su vida profesional al ejercicio de la ingeniería, desde 2014, compatibiliza su labor docente en Secundaria y Bachillerato con la gestión, el acompañamiento y la formación de personas y comunidades en la provincia Ibérica marista.

© SAN PABLO 2024
   Protasio Gómez, 11-15. 28027 Madrid
   Tel. 917 425 113
   E-mail: secretaria.edit@sanpablo.es - www.sanpablo.es
© Ángel Fernández Lázaro, 2024
© Ilustración de portada: José Montalvá Beneyto, 2024

Distribución: SAN PABLO. División Comercial
Resina, 1. 28021 Madrid
Tel. 917 987 375
ventas@sanpablo.es
ISBN: 978-84-285-7227-9
Depósito legal: M. 23.455-2024
Printed in Spain. Impreso en España

Introducción

Hoy los cristianos nos encontramos ante el reto de dar testimonio de nuestra fe de manera creíble y razonable en una sociedad plural. Este reto nos obliga, entre otras cosas, a dialogar con la cultura y el pensamiento propios de nuestro tiempo, marcados decisivamente por la ciencia y el método científico. No pocas críticas actuales a la religiosidad surgen de un pensamiento científico reduccionista que a menudo contrapone ciencia y religión.

En este libro proponemos un encuentro constructivo entre ambas disciplinas que ayude al lector a dar razón de su fe y aporte ideas para una relación entre ciencia y religión basada en el respeto, el reconocimiento y la complementariedad. Veremos cómo ciencia y fe pueden coexistir y encontrar espacios de convergencia en los que enriquecerse mutuamente. De hecho, veremos cómo la ciencia puede ayudar al creyente a acercarse más a Dios.

Palabras clave

- *Ciencia:* conjunto de conocimientos obtenidos de la observación sistemática de la realidad y del razonamiento sobre lo observado, que permite elaborar leyes o principios generales que se pueden contrastar y comprobar.
- *Fe:* en sentido religioso, confianza en que la existencia tiene su fundamentación y encuentra su sentido último en la relación con el Misterio trascendente, Dios.
- *Religión:* sistema de símbolos, creencias y prácticas a través de los cuales el creyente se hace cargo de la experiencia religiosa, toma conciencia de la presencia de Dios y su acción salvífica y lo hace presente en su vida.

- *Diálogo:* conversación entre dos o más personas o agentes, que alternativamente manifiestan sus ideas o afectos.
- *Complementariedad:* relación entre elementos distintos, incluso opuestos, que se complementan y enriquecen mutuamente.

1
La fe razonable

Este libro toma el título de una célebre sentencia de Gilbert Keith Chesterton, escritor, periodista y filósofo inglés que vivió en los siglos XIX y XX. Conocido por su extensa obra, así como por su inquietud religiosa, Chesterton se convirtió al catolicismo tras pasar por el agnosticismo y el anglicanismo, y explicó su conversión en ensayos como *Por qué soy católico* y *Ortodoxia*. Razonando sobre su fe, Chesterton decía que, a los católicos, al entrar en la iglesia, «se nos pide que nos quitemos el sombrero, pero no la cabeza».

Quitarse el sombrero expresa el respeto profundo, el afecto y la valoración positiva de la fe que nos ha sido transmitida y la tradición en la que hemos sido iniciados. La fe es un don recibido de otros que, con su testimonio de vida, nos transmiten una experiencia que de algún modo hacemos nuestra. La fe cristiana se vive junto a otros, se comparte en el seno de una comunidad y se expresa de múltiples maneras en los símbolos de fe, la liturgia, el arte, la praxis, la doctrina, la Escritura... conformando una tradición de más de dos mil años de la que somos herederos y partícipes. Por todo ello, cuando nos aproximamos a este misterio, «nos quitamos el sombrero».

No quitarse la cabeza significa que no dejamos de pensar. A veces se acusa a los creyentes de irracionales, supersticiosos o crédulos. A menudo se contraponen fe y razón como si cultivar la primera obligase a renunciar a la segunda. En este libro vamos a ver que ambas son compatibles, se implican y enriquecen mutuamente y que se puede y se debe dar razón de la fe.

Esto supone entrar en diálogo con un mundo marcado por dos grandes características: la pluralidad y el pensamiento científico. La pluralidad de propuestas de sentido es una nota que define a las sociedades diferenciadas sobre las que hemos construido nuestras democracias liberales durante los últimos doscientos años. Este interesante tema no tiene cabida más que de forma tangencial en este texto, que vamos a dedicar al segundo rasgo: el pensamiento científico y la absolutización de la ciencia como medio para conocer la verdad.

La entronización de la ciencia y de su principal producción, la tecnología, es una nota característica de nuestra cultura que, en general, considera el método científico como la forma de conocimiento más fiable y veraz, cuando no la única válida. Por otro lado, la ciencia aplicada conduce a cambios profundos en nuestra manera de vivir y relacionarnos, muchos de ellos maravillosos y otros tal vez más discutibles. Esta ciencia aplicada es la técnica.

En este ambiente cultural donde lo científico es lo veraz, a veces parece que la persona religiosa debe justificar su fe, mientras que quien dice «creer en la ciencia» no tiene nada que explicar. Y los medios de comunicación, más veces de lo que nos gustaría, proyectan una imagen de que ambas experiencias, la religiosa y la científica, son incompatibles y, de hecho, una es merecedora de toda fe y la otra no: la ciencia aparece como presente y futuro, la religión como superstición de un pasado a superar.

Pero ¿ha sido siempre así la relación entre ciencia y fe? ¿Es realmente necesario que sea así hoy? ¿Es posible conciliar ambas realidades? ¿Cómo vive el creyente en un mundo determinado por los avances científicos? ¿Se puede compatibilizar lo que la ciencia dice con la fe en el Dios de Jesús? Iremos respondiendo estas preguntas en las páginas que nos ocupan.

Pero el diálogo con la ciencia no debe quedarse únicamente en una justificación. Esto sería desaprovechar el potencial de este encuentro. Puede que lo primero que nos pida el cuerpo sea reaccionar y justificarnos, explicar que aquello que creemos y vivimos es valioso y respetable. Por tanto, respeto y cada uno a lo suyo. Pero, para que realmente generemos diálogo, tenemos que estar dispuestos a escuchar a la otra parte y dejarnos afectar por ella. El respeto del otro se conjuga con la necesidad del otro, de lo que me puede aportar y de lo que me puede recordar, que tal vez haya olvidado.

Por ello, es bueno ir un paso más allá y preguntarnos por los espacios comunes que ciencia y fe pueden encontrar y cómo pueden enriquecerse mutuamente: qué tiene que aportar la experiencia religiosa al pensamiento científico y cómo la ciencia puede ayudarnos a entender el mundo en el que vivimos y cómo se hace presente Dios en su creación.

2
Cuestionando un mito: relatos de ciencia y religión

En el primer capítulo de la tercera temporada de la serie *The Big Bang Theory*, la aclamada *sitcom* sobre la vida de cuatro jóvenes científicos creada por Chuck Lorre y Bill Prady para CBS, Sheldon Cooper se encuentra en Texas, donde ha buscado refugio en casa de su madre tras haber discutido con sus amigos. Sheldon es un brillante físico teórico especializado en la teoría de cuerdas y conocido tanto por su extraordinario intelecto como por su falta de habilidades sociales.

Cuando sus amigos se disculpan y le piden que vuelva a casa, la respuesta de Sheldon es la siguiente: «No, esta es mi casa ahora. Gracias a vosotros mi carrera como físico ha terminado y pasaré el resto de mi vida aquí en Texas, intentando enseñar la teoría de la evolución a creacionistas». Su madre, cristiana fundamentalista fervorosa y de fuerte carácter, interviene con gravedad: «Vigila lo que dices, Shelly. Debes respetar las opiniones de los demás». A lo que Sheldon contesta airadamente: «La evolución no es una opinión, mamá, es un hecho». Su madre cierra la discusión con contundencia: «Y esa es tu opinión». Viendo lo que le espera si se queda en Texas, Sheldon acepta rápidamente las disculpas de sus amigos y regresa a su vida en California.

Esta es una sencilla muestra, escogida entre otras muchas, de cómo la cultura popular contemporánea elabora los relatos colectivos que son propios de una sociedad. Muchas personas que no conocen en qué consiste el trabajo de un científico y cuál puede ser su perspectiva sobre la religión, forman su opinión con relatos como este. La cultura en la que vivimos conforma nuestra visión de las cosas en un entramado de relaciones, estímulos y propuestas que configura nuestra manera de comprender el mundo y situarnos en él, y esto sucede incluso si no somos conscientes de ello.

Lo que esta escena traslada al espectador es una manera muy particular de entender la relación entre ciencia y fe. La perspectiva religiosa es representada por Mary Cooper, la madre de Sheldon, cristiana fundamentalista y, por tanto, creacionista, poco abierta a las interpretaciones del mundo que puedan venir desde la ciencia. Y la postura científica está representada por Sheldon Cooper, el brillante físico, para el que la religión no es más que una superstición y solo tolera excesos como el descrito porque viene de su madre.

El resultado es una visión excesivamente simple de la ciencia y la religión, quedando ambas reducidas a caricaturas de sí mismas, excluidos los matices y complejidades que les son propios. El objetivo de *The Big Bang Theory* es entretener, y no se puede pedir a sus guionistas que se ocupen de estos asuntos con la profundidad que merecen. Pero este ejemplo sirve para ilustrar cómo nuestra visión de la realidad se conforma a través de los relatos que nos llegan y que, de vez en cuando, conviene confrontar.

Creo que la idea de que la ciencia y la religión son disciplinas antagónicas tiene mucho de mito, que se construye a través de relatos como este. Nuestra perspectiva sobre la relación entre ambas será distinta en función de la comprensión que tengamos de cada una de ellas: qué son, cuál es su método y su lenguaje, cómo se desarrollan, de qué aspectos de la realidad se ocupan o cuáles quedan fuera de su alcance.

Antes de entrar en estas cuestiones, vamos a recordar dos ejemplos históricos de relatos que, según cómo se comprendan, pueden ayudar a construir el mito del enfrentamiento ciencia-fe o, por el contrario, a descubrir vías de diálogo entre ambas.

Un poco de historia: Galileo y Darwin

John Polkinghorne fue un físico teórico inglés, investigador, escritor, profesor de Física matemática en Cambridge y presidente del Queen's College británico. Su brillante trayectoria como científico gana en complejidad si se añade que también fue teólogo y sacerdote anglicano, vocación que compatibilizó con su trabajo académico hasta su fallecimiento en 2021.

En su obra *Ciencia y teología*, Polkinghorne defiende que la actitud con la que mucha gente se acerca a la relación entre ciencia y religión «está fuertemente influenciada por dos relatos, cuyo mensaje parece ser en ambos casos el de que la ciencia, en su búsqueda de la verdad, se enfrenta a una religión oscurantista y conservadora». Estos relatos son los de Galileo y Darwin, «interpretados uno y otro como expresión de un conflicto con la Iglesia». Según él, ambos relatos se han presentado siempre como una batalla de la luz contra la oscuridad, cuando la historia real es más compleja y, por tanto, más difícil de digerir, pero también más interesante y formativa para quien se tome la molestia de conocerla.

Galileo Galilei: «Y, sin embargo, se mueve»

Entre los siglos XVI y XVII vivió uno de los científicos más brillantes de todos los tiempos: el italiano Galileo Galilei. Matemático, físico, astrónomo y filósofo, apoyó la teoría heliocéntrica que ya defendía Copérnico a principios del siglo XVI, que enunciaba que la Tierra no era el centro del universo, sino que orbitaba alrededor del sol.

Fue este asunto el que desencadenó su conflicto con el cardenal Belarmino, inquisidor que había tenido un papel destacado en la respuesta católica a la Reforma protestante y que había formado parte del proceso a Giordano Bruno, filósofo que terminó en la hoguera. La Inquisición cuestionó los escritos de Galileo sobre la teoría heliocéntrica, y comenzó un largo proceso de acusaciones y alegatos de defensa en el que Galileo se va desgastando paulatinamente.

Siglos después, es sencillo mirar al pasado y juzgar la cuestión, que en su momento era más compleja de lo que ahora parece. Hoy sabemos que los argumentos de Galileo, irrebatibles en su formulación general, presentaban limitaciones y dificultades –Galileo, por ejemplo, rechazaba la idea de Kepler de que la luna tuviera alguna influencia sobre las mareas, cosa que actualmente sabemos que sí sucede–. Pero fundamentalmente chocaban con la concepción geocéntrica del universo imperante en aquel momento. Esta visión no solo surgía de una interpretación literal de algunos pasajes bíblicos, sino que también era aceptada por otros científicos y, en definitiva, constituía prácticamente la única cosmovisión posible.

Tras más de veinte años de proceso, Galileo aceptó retractarse y fue condenado a prisión de por vida. No obstante, el papa Urbano VIII, que había sustituido a Pablo V –con quien se inició todo el proceso–, conmutó la pena por un arresto domiciliario. Y se dice que –y esto es más leyenda que historia– tras negar su doctrina, Galileo masculló entre dientes, convencido de la veracidad de sus argumentos, las siguientes palabras: «Y, sin embargo, se mueve».

Aún se discute si a Galileo se le obligó a no apoyar las teorías de Copérnico o si también se le prohibió enseñarlas. Sí está claro, por un lado, que Galileo no sufrió tortura ni dejó de ser religioso y, por otro, que la intervención de la Inquisición limitó su libertad y su ejercicio intelectual, además de incurrir en una equivocación que no fue subsanada hasta mucho tiempo después.

Charles Darwin: «¿Procede usted del mono por parte de su abuelo paterno o materno?»

Charles Darwin vivió en Inglaterra durante el siglo XIX. Formado como naturalista, aceptó un puesto en una expedición a bordo del *Beagle* con el objetivo de medir los datos de las corrientes marinas y cartografiar la costa de Suramérica. Durante el viaje, que duró cinco años y terminó dando la vuelta al mundo, Darwin reseñó multitud de observaciones. Resultado de estas y de un elaborado proceso de composición, publicó en 1859 *El origen de las especies.*

En esta obra propone la que hoy conocemos como *teoría de la evolución,* que defiende que todas las especies de seres vivos han evolucionado en el tiempo a partir de un antepasado común mediante un proceso de selección natural. En la lucha por la vida, los más fuertes, hábiles, mejor preparados y los que saben adaptarse mejor sobreviven, lo que explica la diversidad de especies y su evolución a partir de los rasgos transmitidos por aquellos que sobreviven.

La teoría supuso una revolución en la concepción del mundo y del ser humano en particular y no fue fácil de digerir para todos. Como Galileo, Darwin encontró una fuerte oposición en la Iglesia anglicana de la época, pero también en parte de la comunidad científica.

El origen de las especies tuvo una acogida dispar dentro de la Iglesia anglicana. Algunos teólogos y cargos eclesiásticos no tenían especial problema en aceptarla, dado que se trataba de entender la evolución como el instrumento del que se valía el creador para dar forma al universo. Otros se sentían más inclinados a rechazarla, preocupados por la incómoda idea de emparentar seres humanos con primates.

La controversia no era menor en el seno de la comunidad científica. Algunos de los científicos más insignes del momento, cuya contribución en sus respectivos campos es estudiada en la actualidad en escuelas y universidades –Kelvin, Faraday, Maxwell...– recelaban de la nueva hipótesis y no por motivos religiosos, sino científicos. Otros la apoyaban sin tantas dudas y había quienes, abiertos a las nuevas ideas, señalaban sus puntos débiles.

En 1860 tuvo lugar en Oxford un debate en torno a la evolución entre partidarios y detractores de las ideas de Darwin. Cuentan que –y esto, de nuevo, es más leyenda que historia– en un momento dado, el entonces obispo de Oxford, Samuel Wilberforce, se dirigió a Thomas Huxley, amigo y defensor de Darwin, en los siguientes términos: «Dice usted que procede del mono ¿por parte de su abuelo paterno o del materno?». El relato que alimenta el mito presenta siempre a Huxley triunfando sobre Wilberforce, pero esta es una imagen excesivamente simple. Wilberforce siempre había mostrado interés por los temas científicos, y el propio Darwin había reconocido los méritos de algunos de sus comentarios a los límites y zonas más oscuras de la teoría. Esto invita a pensar que el conflicto se abordó de una manera más dialogante y menos maniquea que como normalmente se presenta.

Con todo, la teoría evolucionista se fue aceptando gradualmente y hoy es asumida casi con carácter general para explicar biológicamente el devenir de los seres vivos. Particularmente, el catolicismo no tiene inconveniente en compatibilizar la evolución de las especies con la existencia de un Dios creador. Pontífices como

Pío XII o Juan Pablo II ya se pronunciaron a este respecto, y más recientemente el papa Francisco ha intervenido en varias ocasiones invitando a pensar que Dios «creó a los seres y les dejó que se desarrollaran de acuerdo con las leyes internas que dio a cada uno, para que evolucionaran, para que llegaran a su plenitud».

Algunas reflexiones comunes

Merece la pena detenerse en algunos detalles presentes en ambos relatos que nos ayudan a leerlos de una manera más constructiva en relación con la interacción entre ciencia y religión.

Un error común es el de pensar que, por un lado, tenemos científicos haciendo ciencia y, por otro, creyentes reaccionando a sus avances. Puede que el caso Galileo sea aún más clarificador en este punto: Galileo Galilei era creyente y cristiano, y no dejó de serlo en ningún momento del proceso contra él, ni siquiera después. Como científico cristiano, no tenía inconveniente en compatibilizar lo que dice la ciencia con su creencia religiosa. En todo caso, si había discrepancia entre la Escritura y sus observaciones, tal vez hubiera que interpretar la primera de una manera más profunda.

Lo mismo sucede con la teoría evolucionista. Los científicos implicados son personas con sus propias creencias, su cosmovisión, que se ven interpeladas por lo que sus avances van sugiriendo. El propio Darwin, creyente cuando era más joven, se aleja de la fe cristiana de forma progresiva. Pero nunca defendió un ateísmo cerrado, y tal vez tuvo tanto o más que ver en ello el triste fallecimiento de su hija a los diez años que su trabajo como naturalista. Tampoco Huxley lo hizo, manteniendo más bien que no es posible probar la existencia de Dios, lo que hoy lo acercaría a una postura agnóstica, no atea.

Este matiz es importante, porque implica que de la afirmación: «La creación no tiene lugar como está expresado en la Escritura», no se sigue necesariamente: «Por tanto, Dios no existe», sino que hay otras respuestas. Una de ellas es la del propio Galileo, que pide una lectura más interpretativa de la Escritura. Otra posible respuesta es la de Huxley, que concluye que la existencia de Dios no se puede demostrar, al menos desde el argumento de la creación, pero tampoco negar.

Por otro lado, en ninguno de los dos casos cabe pensar en posturas homogéneas claramente agrupadas en dos bandos enfrentados. Esta es una tentación fuerte porque nos gusta que las cosas sean sencillas y porque la visión de bloques enfrentados encaja bien con el momento de polarización social y política al que asistimos en Occidente últimamente. Pero la realidad es compleja y los matices son importantes, y más nos valdría asumir la diversidad y las innumerables posiciones intermedias que permiten el diálogo, que posturas reduccionistas basadas en el deseo de conflicto.

Así, en el caso Galileo había hombres de ciencia que defendían el geocentrismo y en el de Darwin, científicos y biólogos que rechazaban la evolución, expresaban dudas o veían limitaciones en la teoría. También en ambos casos la propia Iglesia contaba con científicos y eclesiásticos dedicados a la ciencia o interesados en ella. Es conocida la aportación de los jesuitas en el campo de la astronomía en relación con el caso Galileo, por poner un ejemplo. Y habría que imaginarse a cualquier profesor de biología coetáneo de Darwin enfrentado a la «absurda» idea de que lo que ha venido enseñando durante décadas era erróneo.

Así que parece importante señalar que, cuando un descubrimiento altera notablemente la visión establecida y aceptada por una sociedad en ese momento histórico, es normal que surjan el rechazo, el debate y la controversia. No se trata de exculpar a la Iglesia cuando institucionalmente ha errado extralimitándose en el ejercicio de su autoridad. La Iglesia debe, de hecho, asumir sus errores pasados y pronunciarse en favor de la verdad cuando sea necesario, y así ha sucedido más de una vez. Pero sí hay que poner las cosas en su debido contexto, dado que la Iglesia, que forma parte de una sociedad, está compuesta por hombres y mujeres, hijos de una época determinada en cada momento de la historia.

3
Un relato actual:
Stephen Hawking

Stephen Hawking nació en 1942 y falleció en 2018, después de sufrir el deterioro provocado por la esclerosis lateral amiotrófica que le fue diagnosticada con 21 años. Su historia supone un valioso ejemplo de superación, esfuerzo y amor por la vida, que adquiere dimensiones épicas cuando se toman en cuenta algunos de sus logros. Hawking se dedicó desde muy joven a la física teórica, la astrofísica y la cosmología, la investigación y la divulgación científica, contribuyendo especialmente en el campo de la cosmología y la teoría de agujeros negros. Escribió artículos especializados que influyeron decisivamente en la concepción del cosmos por parte de sus colegas científicos, pero también libros divulgativos que han leído millones de personas en todo el mundo. Fue miembro de la Real Sociedad de Londres y de la Academia Nacional de las Ciencias de Estados Unidos y recibió numerosos doctorados *honoris causa* en diferentes universidades. Fue condecorado con la Real Orden del Imperio británico y galardonado con el premio Príncipe de Asturias de la concordia. Pero no solo tuvo todo tipo de reconocimientos académicos, sino que forma parte, sin duda, de la cultura popular: apareció en episodios de *Los Simpson, Futurama, Star Trek* y la ya mencionada *The Big Bang Theory,* y prestó su voz a dos canciones de la banda británica de rock progresivo Pink Floyd. Se casó dos veces y tuvo tres hijos.

Este esbozo biográfico sirve para comprender la admiración que alguien como Hawking despierta en mucha gente y por qué su figura trasciende el ámbito de lo puramente científico para convertirse en un referente social del siglo XX y principios del XXI. Desde ahí, lo que Stephen Hawking pensase sobre Dios y su existencia no solo es materia de interés, sino que crea tendencia. La postura de Hawking sobre el tema de Dios engloba la de otros muchos, científicos o no, que hacen propios sus argumentos. Su perspectiva representa una corriente de pensamiento sobre cómo entender la relación entre ciencia y religión en la actualidad.

En 1988 Hawking publicó *Breve historia del tiempo: del Big Bang a los agujeros negros,* un libro divulgativo que con los años se ha convertido en un superventas a nivel mundial. Se trata de una obra que explica cuestiones como el origen en el tiempo del universo, su posible final, su naturaleza infinita o limitada, los agujeros negros o la teoría de cuerdas. Al final del libro Hawking especula con la idea de que, con el tiempo, los seres humanos seamos capaces de encontrar una *teoría del todo* que pueda unificar nuestro conocimiento sobre el universo, que hasta ahora solo puede presentarse de forma parcial y disgregada: «Entonces todos, filósofos, científicos y la gente corriente, seremos capaces de tomar parte en la discusión de por qué existe el universo y por qué existimos nosotros. Si encontrásemos una respuesta a esto, sería el triunfo definitivo de la razón humana, porque entonces conoceríamos el pensamiento de Dios».

El significado de la expresión *conocer el pensamiento de Dios* ofrece pocas dudas si se conoce la trayectoria del autor, su pensamiento y sus creencias. Si esto se desconoce o se lee a la ligera, puede llevar a equívoco. Lo cierto es que Stephen Hawking no creía que existiese Dios y siempre que se refería a Él lo hacía de forma metafórica.

Sin embargo, su discurso sobre Dios no siempre fue uniforme. En ocasiones, Hawking se limitó a expresar que, de acuerdo con la ciencia actual, no tenía sentido la pregunta por Dios. Por un lado, las leyes de la física hacen innecesaria su existencia para explicar el funcionamiento del universo una vez que este existe. Por otro, si el inicio del universo tuvo lugar con el *Big Bang,* la pregunta por lo que había *antes* de ese inicio carece de sentido, ya que la palabra *antes* no tiene significado si no existe el tiempo. Alguna vez Hawking admitió que las leyes físicas que gobiernan el universo podrían haber sido creadas por Dios, pero si esto fue así, desde luego Dios no intervenía para modificar o alterar esas leyes. Este argumento tiene interés, ya que abre un camino a otro tipo de opinión

—no necesariamente una creencia religiosa— que admite la posibilidad de existencia de un ser superior, el arquetípico «relojero cósmico» que puso en marcha el mecanismo del universo y lo dejó rodar.

Pero en sus últimos años de vida, tras la publicación de su obra *El gran diseño* en 2010, Hawking fue un poco más allá y defendió que tampoco al inicio era necesario postular la existencia de un Dios. El universo se daría la existencia a sí mismo en una especie de generación espontánea suscitada por leyes físicas como la de la gravedad. No hay Dios, nadie creó el universo «y nadie dirige nuestro destino». Si Dios no existe, la fe y la religión serían superfluas e innecesarias.

Sobre estas bases se construye un relato contemporáneo que, sin ser el único, tiene suficiente alcance para influir en nuestra concepción de las relaciones entre ciencia y religión.

4
La relación entre ciencia y fe. Caminando hacia la integración

La propuesta de este libro es que la fe religiosa no solo es razonable, sino que fe y razón, y por tanto fe y ciencia, pueden resultar complementarias y enriquecerse mutuamente. Para descubrir las mutuas implicaciones es necesario establecer un diálogo entre ambas. Y para que este diálogo sea fecundo y no un diálogo de sordos o un enfrentamiento estéril, hay que hacer antes algunas aclaraciones. Debemos preparar el terreno para poder cultivar una relación que eche raíces, brote y dé sus frutos.

Qué es la ciencia y cuáles son sus límites

Lo que caracteriza a la ciencia

La ciencia es el conjunto de conocimientos que se obtienen de la observación sistemática de la realidad y el razonamiento posterior sobre lo observado. Este conjunto de conocimientos presenta una coherencia interna que permite elaborar leyes o principios generales que describen los fenómenos observados, permiten hacer inferencias o predicciones y son falsables, es decir, se pueden contrastar y comprobar.

Esta definición, necesariamente sintética, puede no ser suficiente para distinguir qué es ciencia y qué no lo es, dado que la línea que separa una cosa de la otra no siempre es nítida. La actividad científica se desarrolla dentro de infinidad de ámbitos de estudio, adoptando diferentes metodologías y criterios de interpretación y poniendo en relación disciplinas muy diversas. Piénsese, por ejemplo, en lo distintos que son el proceso seguido para detectar la radiación de fondo de microondas del universo temprano, el método aplicado en ingeniería para dimensionar la sección transversal de un puente, el de un cribado neonatal para descartar enfermedades metabólicas en el bebé o un diseño establecido en psicología para evaluar la eficacia de un programa de intervención educativa. Así que vamos a completar la definición con algunos elementos que, normalmente, están presentes en cualquier actividad científica.

Lo primero que caracteriza a la ciencia es su método de trabajo, conocido como *método científico*, que implica tener en cuenta una serie de pasos y algunos criterios. Primero se formula una hipótesis y se fijan las condiciones iniciales. Luego se desarrollan las diferentes metodologías de trabajo, se obtienen resultados y se razona sobre ellos. Finalmente, se extraen conclusiones mediante un análisis racional de los resultados. Además, todo ello debe ser contrastable y reproducible, es decir, si algún otro científico quiere replicar el proceso para comprobar resultados, debe poder hacerlo.

Otra característica de la ciencia es que, cuando sus resultados son suficientemente consistentes, las conclusiones extraídas sobre ellos suelen llevar a enunciar teorías con carácter general. Estas teorías permiten explicar fenómenos *a posteriori* y predecir otros *a priori*.

Además, la ciencia se caracteriza por su progreso acumulativo, concepto definido por Roberto Casas en el libro *Ciencia y Dios* como «una continua acumulación en la que los conocimientos anteriores son incesantemente mejorados y aumentados». Aunque él mismo desmiente el mito del avance lineal e ininterrumpido de la ciencia, también reconoce que se trata de la forma de conocimiento con mayor progreso acumulativo.

Por último, algo que define a la ciencia es su aplicabilidad. Incluso cuando pueda conducir a callejones sin salida o a resultados negativos –por no esperados o no buscados–, a menudo es posible perseverar hasta obtener los resultados deseados o, en su lugar, otros que también tengan interés. La ciencia y la tecnología son útiles, y muchas veces esto es suficiente. La ciencia aplicada, la técnica, cambia nuestra vida y la mejora en muchos aspectos. Gracias a ella, hoy somos capaces de enviar una sonda a buscar agua bajo la superficie de la Luna, contactar fácilmente con cualquier lugar del pla-

neta, atenuar los efectos de un tsunami o diag-
nosticar una enfermedad antes del nacimiento.
No cabe duda de que el avance de la tecnología
tiene también contrapartidas que no podemos
soslayar, pero las ventajas que ofrece sitúan al
ser humano en una posición de dominio sobre
el medio en el que vive.

Los límites de la ciencia

Puede que la aplicabilidad práctica de la ciencia
sea su mejor tarjeta de presentación. Cuando
algo mejora decisivamente la vida de las personas, se toleran mejor sus aspectos negativos o
los errores en que pueda incurrir. Sin embargo,
la ciencia también tiene límites y es necesario
conocerlos.

Una primera limitación relacionada con el
método científico es que el experimento no
coincide con lo real, sino que lo representa de
manera simplificada. Un experimento es solo
una porción de la realidad que, por tanto, ofrece
una explicación limitada de la misma. Normalmente es necesario aislar el objeto de estudio

porque no es posible considerar la complejidad completa de lo real, de modo que se establecen fronteras ficticias de la mejor manera posible para perder el mínimo de información. Pero al hacer esto inevitablemente se pierden relaciones de los elementos que quedan dentro del sistema con elementos que han quedado fuera.

Otra limitación es el hecho de que el observador modifica lo observado. Esto es bien sabido por quienes estén familiarizados con la mecánica cuántica. La dualidad onda-partícula es un fenómeno cuántico según el cual algunas partículas pueden comportarse como ondas en un experimento y como partícula en otro distinto. La mecánica cuántica no es determinista, sino probabilista, es decir, las cosas «no son» o «dejan de ser», sino que pueden ser o no ser al mismo tiempo en un rango de probabilidad. Esto es lo que se conoce como *superposición de estados:* una partícula cuántica puede ser varias cosas a la vez, pero no se sabe qué es realmente hasta que interactúa con el mundo externo o es observada por él. Erwin Schrödinger, físico austriaco, propuso su célebre paradoja del gato para explicar esto: dentro de una caja cerrada hay un gato. A la pregunta de si el felino está vivo o muerto, la «respuesta cuántica» es que el gato está vivo y muerto al mismo tiempo. Hay una superposición de estados que no se concreta hasta que no se levanta la tapa, es decir, hasta que no se interactúa con el sistema desde fuera del mismo.

Algo parecido sucede con el principio de incertidumbre de Heisenberg, que dice que no podemos conocer con exactitud y al mismo tiempo la posición y la velocidad de una partícula. O bien conocemos una, o bien la otra, y cuanto más sepamos de una, menos sabremos de la otra. Por ejemplo, si conociéramos la posición de un electrón y quisiéramos medir su velocidad, el solo hecho de medirla alteraría tanto la posición como la velocidad. Esto significa que el observador determina la realidad observada y que solo podemos tener un conocimiento limitado y probabilístico de la misma, asumiendo siempre cierto margen de error cuando observamos la naturaleza. En términos más generales, ningún observador parte de la absoluta neutralidad: todos tienen un contexto de partida, una visión de la realidad y unas expectativas. Todos hacen una interpretación de los resultados obtenidos. Existe una subjetividad ligada al observador que influye en las conclusiones extraídas.

También las teorías tienen sus limitaciones. Sucede que el rango de validez –el tamaño de la «porción» de realidad que explica una teoría– es limitado y una teoría puede funcionar muy bien en unas condiciones y dejar de ser válida cuando se aplica en otras. Un buen ejemplo de ello es la relación entre la física clásica y la física cuántica.

La física clásica, también llamada *física newtoniana* en honor a la enorme contribución en este campo de sir Isaac Newton –físico, matemático y teólogo inglés de los siglos XVII y XVIII–, funciona extremadamente bien para explicar la interacción entre cuerpos grandes a velocidades muy inferiores a la de la luz. Para estudiar el movimiento de un planeta o un satélite, o construir un edificio que no se caiga, aplicamos la física clásica. Por el contrario, la física cuántica trata con partículas subatómicas a velocidades muy altas, cercanas a la de la luz. Ambas disciplinas parten de consideraciones muy diferentes y ninguna tiene validez en el contexto de la otra: ni la física clásica funciona cuando se aplica al mundo subatómico, ni la física cuántica funciona cuando se aplica a grandes cuerpos. La síntesis de ambas, la formulación de una «teoría de todo» que funcione en ambos contextos desde lo muy pequeño hasta lo muy grande, es un anhelo desde hace mucho tiempo en la comunidad científica.

La célebre teoría de cuerdas tendría esta pretensión de teoría unificada, pero presenta dificultades no pequeñas. Una de ellas es la enorme complejidad de las matemáticas en las que necesita apoyarse: la teoría más general, llamada M, precisa nada menos que de once dimensiones, lo cual puede ser matemáticamente consistente, pero está lejos de ser comprobable físicamente. Otra dificultad importante es que, para muchos especialistas, la teoría no es falsable, es decir, no puede comprobarse su validez. Esto bastaría para excluirla de lo que puede ser considerado ciencia, hasta el punto de que algunos la califican como «pseudociencia», con la carga peyorativa que esta categoría implica en ambientes científicos. Mario Bunge, prestigioso filósofo de la ciencia argentino-canadiense fallecido en 2020, escribía al respecto en la revista Skeptical Inquirer:

La consistencia, la sofisticación y la belleza nunca son suficientes en la investigación científica. La teoría de cuerdas es sospechosa de pseudociencia. Solo parece científica porque aborda un problema abierto que es a la vez importante y difícil, el de construir una teoría cuántica de la gravitación. Pero la teoría postula que el espacio físico tiene seis o siete dimensiones, en lugar de tres, simplemente para asegurarse consistencia matemática. Puesto que estas dimensiones extra son inobservables, y puesto que la teoría se ha resistido a la confirmación experimental durante más de tres décadas, parece ciencia ficción, o al menos, ciencia fallida.

Otra limitación de la ciencia tiene que ver con las cuestiones que quedan fuera de su campo de actividad. Hay realidades que conocemos por la experiencia, pero no pueden ser descritas en términos científicos y, si así fuera, el resultado sería muy pobre. El amor, la libertad, las opciones personales, los valores, la tristeza, el dolor, la esperanza... son reales, pero no pueden ser medidos como la velocidad de un móvil o la masa de una partícula, ni sintetizadas en una fórmula matemática. Hay realidades que precisan otro tipo de lenguaje para ser expresadas. Del mismo modo, la ciencia no puede responder preguntas fundamentales para el ser humano como qué sentido tiene la vida, qué debemos hacer con ella o qué cabe esperar de ella. Estas preguntas de sentido son nucleares en toda experiencia religiosa.

La última limitación de la ciencia que incluiremos aquí tiene que ver con la reflexión ética sobre sus avances. El método científico no incluye ninguna afirmación a este respecto. Pero como expresaba el insigne filósofo de la ciencia Karl Popper, «que la ciencia no pueda elaborar dictamen alguno en materia de principios éticos ha tendido a confundirse con un indicio de la inexistencia de tales principios». Esto, obviamente, no es así. Es evidente que los principios éticos, que existen al margen de la ciencia, afectan también a esta. La aplicación de la radiactividad para realizar diagnósticos en medicina o para desarrollar armamento con amplia capacidad destructiva pueden ser desafíos análogos desde un punto de vista científico. Pero escoger cuál de los dos es prioritario no es una cuestión científica, sino ética. Por eso, deben existir límites a la ciencia que no pueden venir dados por lo que la técnica permite hacer, sino por una reflexión que ponga al ser humano en el centro. Dicha reflexión, por supuesto, puede ser realizada por científicos, pero también por quienes no trabajan activamente en ciencia, porque cualquier persona con la conciencia rectamente formada puede y debe ser capaz de generar planteamientos morales.

Qué es religión. Límites de la teología

Lo que caracteriza a la religión

Vamos a recurrir en este punto a un valor seguro, uno de los más brillantes teólogos españoles de su tiempo: Juan de Dios Martín Velasco. Sacerdote y fenomenólogo de las religiones fallecido en 2020, escribía lo siguiente en su libro *La experiencia cristiana de Dios:*

El estudio de las religiones me ha convencido de que toda verdadera religión no es más que un conjunto de mediaciones, acumuladas por una tradición, a través de las cuales los sujetos que se reconocen en ella tratan de recuperar, de hacerse cargo, de una Presencia que se les ha dado, se les está dando permanentemente, y que con todas esas mediaciones religiosas tratan de reconocer.

Una religión, por tanto, es un sistema de símbolos a los que llamamos *mediaciones,* a través de los cuales nos hacemos cargo de la experiencia religiosa, tomamos conciencia de la presencia de Dios y su acción salvífica y lo hacemos presente en nuestra vida. Vamos ahora a destacar algunos elementos fundamentales que caracterizan a la religión.

El primero sería el Misterio, la «Presencia» a la que alude Martín Velasco, Dios, para entendernos. La realidad trascendente por la que nos reconocemos tocados, «visitados» y con la que nos relacionamos. El Misterio es inefable, no se puede definir ni describir con exactitud, pero se puede tener experiencia de Él y dar razón de esa experiencia. El Misterio es tremendo y supremo, es lo único que, en verdad, *es*. Es fascinante, centra la vida de quien lo conoce y lo busca. Es trascendente, porque está más allá de todo, por encima de todo, pero también inmanente, porque se encuentra en lo más íntimo de la persona.

Otro aspecto que caracteriza a la experiencia religiosa es el ámbito de lo sagrado, que no es un lugar físico, sino la perspectiva desde la que afronta su existencia la persona religiosa. El creyente descubre que la vida está llena de la presencia de Dios. La naturaleza que nos acoge, las personas con las que nos encontramos, los acontecimientos cotidianos, la belleza presente en el arte, el nacimiento de un hijo, el cuidado de un ser querido, la necesidad de quienes sufren la injusticia... nos hablan de una profundidad mayor en lo real y nos recuerdan que la realidad está habitada por ese Misterio.

El tercer aspecto a tener en cuenta son las mediaciones, que son los símbolos mediante los cuales nos hacemos cargo de la presencia del Misterio o hacemos presentes algunos de sus atributos. Ernst Cassirer, filósofo y sociólogo especializado en filosofía de la cultura, decía que el ser humano era un *animal simbólico,* porque vive en una realidad más amplia que la realidad inmediata del resto de los seres vivos. Esa realidad está llena de implicaciones y significados profundos que no pueden ser expresados de manera completa más que con el símbolo. El lenguaje, los mitos, el arte, las religiones... son parte de esa urdimbre simbólica mediante la que nos relacionamos y con la que expresamos verdades profundas relativas a nuestra existencia. El lenguaje religioso es un lenguaje simbólico y esto debe ser tenido en cuenta, especialmente cuando dialogamos con la ciencia o tratamos de hacer la fe razonable.

Un último elemento que caracteriza la religión es lo relativo a la praxis. A fin de cuentas, una religión es un camino de vida, y lo es en dos aspectos fundamentales. Primero, la fe implica vivir de cara a un horizonte amplio de sentido. Es confiar, encontrar que la vida no es absurdo ni frío azar, que la existencia tiene un propósito y un sentido profundo por pequeña y frágil que sea. En segundo lugar, y puesto que existe un sentido, implica tomar conciencia de que nuestras acciones no son indiferentes, lo que conlleva una ética, una reflexión sobre la manera más correcta de vivir, los valores y actitudes a cuidar y lo que es mejor hacer desde un punto de vista moral.

Limitaciones de la teología

La teología es, en este marco, la experiencia de fe que busca entender. Es decir, es el medio por el que las personas religiosas buscan comprender desde su experiencia cómo es el mundo. Este medio religioso de comprender la realidad tiene también sus límites. Su limitación más evidente, especialmente visible cuando dialogamos con la ciencia, es que su cometido no es describir cómo es el mundo físico, cuáles son las razones causales de que sea así y qué procesos han conducido a su configuración tal y como lo percibimos. Todo esto cae en el campo de la ciencia, y cuando la teología ha cruzado esa línea generalmente se ha metido en un embrollo y ha tenido que rectificar.

Esto no significa asumir que la teología queda como mero intérprete de lo que la ciencia va desvelando. Al contrario, la teología puede hacer afirmaciones sobre la realidad, pero lo hará siempre en su orden propio, en el orden del sentido religioso de la realidad, no en el de las causas naturales y sus efectos. Por ejemplo, desde la teología podemos decir que el universo «ha sido creado», que «Dios es creador» o que «la creación es buena». Estas afirmaciones no dicen nada sobre cómo ha sido creado el universo, sino que surgen de la reflexión y la experiencia de nuestra condición de criaturas: del hecho de que existe una realidad previa en la que se da nuestra existencia, del reconocimiento de que la vida nos ha sido dada, de la experiencia de conexión con la realidad o de la intuición de propósito y sentido de nuestra propia existencia.

Otra limitación propia de la teología es que, aunque su cometido sea reflexionar sobre Dios, Dios es lo absolutamente otro, lo trascendente, el Misterio que no podemos poseer ni encerrar. No podemos definir completa y definitivamente a Dios, ni tener una palabra última sobre Él. No podemos introducirlo en una urna de un museo para mostrar sin lugar a dudas qué o quién es.

En este sentido, importa mucho cómo utilizamos el lenguaje religioso. Es verdad que el silencio, lo que se llama la *teología apofática,* sería la única opción viable para la persona religiosa, pero también es verdad que «de lo que rebosa el corazón habla la boca» (Lc 6,45). Así somos todos los seres humanos. Por ello, debemos recordar que el lenguaje religioso es simbólico y en él caben las comparaciones y las metáforas, porque son maneras de hablar de lo infinito a través de nuestros medios finitos. Podemos decir, por ejemplo, que «Dios es amor» porque amamos y somos amados y porque somos capaces de abstracción, y por tanto de imaginar un amor más grande y pleno que el nuestro que, por otro lado, experimentamos. Pero al decirlo, habrá quien exprese que se sabe amado por Dios, mientras otros tal vez expresen que Dios mismo es el amor. En cualquier caso, la metáfora no desvela el Misterio, sino que ayuda a vivir y compartir la experiencia. Lo mismo sucede con los sacramentos o con cualquier otro símbolo: los ritos, los relatos, los iconos, la música... apuntan a Dios, pero no lo agotan.

Una última limitación que incluiremos aquí tiene que ver con la experiencia religiosa, que aparece en la subjetividad de la persona. En sus *Momentos estelares de la humanidad,* Stefan Zweig pone en boca de Lev Tolstoi las siguientes palabras dirigidas a su esposa: «Cómo podría yo culparte de que no compartas mis más profundas ideas, si la vida espiritual de un hombre, sus últimos pensamientos, serán siempre un secreto entre él y su Dios». Si además sucede que no podemos tener sino imágenes parciales de Dios, el resultado es que, aun compartiendo una misma fe, la experiencia de cada persona puede ser distinta, con diferentes énfasis, ya sea por su historia personal, su momento vital, su particular sensibilidad o cualquier otra razón. Imágenes frecuentes de Dios como «juez», «creador» o «padre» pueden llevar a vivencias diferentes. Entonces, también la reflexión sobre esta experiencia tendrá diferentes acentos, lo que da lugar a distintas «teologías» que no siempre convergen con facilidad.

De puertas adentro, en lo que respecta a la Iglesia como comunidad de creyentes, esto implica que no hay una única forma de entender cuestiones como la cristología, la eclesiología o la moral, por citar algunas. Volver al Evangelio y contrastar con la Tradición y la conciencia rectamente formada es imprescindible en la vida de fe y, a la vez, es compatible con la pluralidad de formas de comprender la fe. Esto puede ser una riqueza, ya que desde distintas sensibilidades completamos mejor un puzle siempre inacabado, aunque entender al que expresa algo distinto implique mayor esfuerzo.

Pero de cara al diálogo con la ciencia, sí puede suponer una limitación, porque los diferentes énfasis pueden facilitarlo o dificultarlo. Un cristianismo más hermenéutico y abierto a la búsqueda de la verdad entablará un diálogo más constructivo y fructífero que el que podría darse desde posiciones más rigoristas.

Cuando el diálogo no es posible: extremos a evitar

En el verano de 2008 una curiosa campaña publicitaria ocupó los icónicos autobuses londinenses con la siguiente leyenda: «Probablemente Dios no existe. Deja de preocuparte y disfruta de tu vida». Ariane Sherine, periodista británica, era la cara visible del movimiento en favor del ateísmo que financió y promovió la campaña, en el que también militaban personajes públicos como Sam Harris, filósofo y neurocientífico, o Richard Dawkins, biólogo y divulgador científico, ambos portavoces del llamado *nuevo ateísmo*.

Sorprende la frase escogida porque asocia la creencia en Dios con la preocupación y la incapacidad para disfrutar. Probablemente si hubieran consultado a personas religiosas habrían encontrado quien propusiese un lema mejor, dado que creer en Dios no suele preocupar a los creyentes y, de hecho, suele ayudarles a disfrutar más de la vida. En cualquier caso, la campaña creó el suficiente revuelo para tener eco en otros lugares, con resultados dispares.

En una localidad del sur de Madrid, una Iglesia evangélica contraatacó con su propio eslogan: «Dios sí existe. Disfruta de la vida en Cristo». Pero el cartel salió con un error de imprenta, perdiendo la tilde en el «sí». Huelga decir que, redactado en tiempo condicional, el efecto causado no fue el deseado. En otros lugares la campaña reavivó el debate en torno a la libertad de expresión, de creencias religiosas y la presencia de todo ello en el espacio público. En Italia se optó por el siguiente lema: «La mala noticia es que Dios no existe. La buena noticia es que no lo necesitas», pero tuvo poco tiempo de exposición porque la empresa responsable de los soportes publicitarios lo vetó por ofensiva para la moral y las convicciones religiosas.

El caso de los «autobuses ateos» es solo un ejemplo de una forma de relación ciencia-fe que conduce a enfrentamientos estériles. Lo malo de este modo de relacionarse es que no construye nada nuevo y no enriquece a nadie. Las partes implicadas se desgastan en la pelea y suelen enrocarse en sus posiciones iniciales. Dudo que ningún creyente dejase de serlo por leer estos mensajes en los autobuses de su ciudad, pero tampoco creo que ningún ateo se replantease sus convicciones al leer los mensajes en sentido contrario. Por desgracia, actualmente observamos que la polarización social, los bloqueos mutuos, la descalificación y la crispación son la tónica general en muchos lugares, incluyendo nuestras preciadas democracias liberales europeas.

Si queremos establecer un diálogo fecundo entre ciencia y fe debemos huir de los extremos y cultivar actitudes como el reconocimiento del otro, la capacidad de escucha, el respeto por sus posiciones y la necesidad del diferente. Es fundamental reconocer que también quien piensa distinto tiene derecho a existir y a expresarse, a ocupar un espacio en la sociedad plural. Respetar sus posiciones, reconocer que nos necesitamos en nuestra diversidad, nos enriquece y nos ayuda a recorrer nuestro propio camino.

El cientificismo

Un extremo a evitar en el lado de la ciencia es el cientificismo, lo que se podría llamar un *fundamentalismo científico.* El cientificismo otorga valor absoluto al método científico, entendiendo que es la única manera de obtener un conocimiento fiable. Los únicos conocimientos válidos serían los que se adquieren mediante las ciencias positivas. Desde el cientificismo, ciencia y religión son incompatibles y están destinadas a enfrentarse. La ciencia sería un camino más elevado y fiable para razonar sobre la realidad y la religión, una superstición del pasado que habría que abandonar.

Una impresión personal es que a menudo el cientificismo no se corresponde tanto con la actitud de los científicos como con un cierto «ambiente positivista» que es propio de las sociedades occidentales. Claro que hay científicos alineados con estas ideas, pero quien hace ciencia suele conocer los límites de su disciplina, y sabe a qué tipo de preguntas responde la ciencia, independientemente de sus propias creencias. En cambio, es más sencillo absolutizar el pensamiento científico cuando no se trabaja activamente en ello y solo se es usuario de tecnología, beneficiario de avances puntuales o lector ocasional de noticias o divulgación.

El creacionismo o «diseño inteligente»

Este sería otro extremo a evitar, en este caso en el lado de la religión. Se caracteriza por un acercamiento a la Sagrada Escritura que implica necesariamente una lectura literal de la misma. No cabe interpretación alguna de los textos pese a su antigüedad, ni se toma en cuenta a los seres humanos que la escribieron y su contexto. Si son sagrados, deben ser leídos literalmente. Es el caso de algunos grupos evangélicos norteamericanos. Aunque estos rasgos se pueden encontrar en todas las religiones, el creacionismo como movimiento organizado con capacidad de influencia se encuentra sobre todo en Estados Unidos. En los últimos años, con la proliferación de movimientos protestantes evangélicos en países de Centroamérica y Suramérica, también alcanza cierto arraigo en estas comunidades.

Otra denominación con la que se conoce al creacionismo es la de *diseño inteligente.* En Estados Unidos, diversas sentencias judiciales declararon que el creacionismo era religión y no ciencia, aun cuando este pretendía ser considerado como una teoría científica alternativa a la de la evolución de Darwin y que, por tanto, debía ser enseñada en institutos y universidades en pie de igualdad con la evolución. La estrategia de los grupos creacionistas cambió entonces acuñando una nueva terminología, la de *diseño inteligente,* para presentar su doctrina como una teoría científica que ya no se refiere a Dios, sino a una inteligencia superior y universal. De esta manera ya no era una cuestión religiosa específica. Lo que hay detrás de esta posición es la convicción de que la evolución contradice la letra de la Biblia y, por tanto, no es más que una hipótesis que no ha sido comprobada y cuyo único resultado posible es el ateísmo. Además, aducen que es incapaz de explicar la complejidad de la naturaleza, porque lo más simple no tiene la capacidad de originar lo más complejo. Es decir, la ciencia debe doblegarse ante su lectura literal de la Biblia.

Nuevos frentes abiertos: el auge del populismo negacionista

Hasta hace unos años, cuando tenía que hablar de diálogo entre ciencia y fe, solía percibir un cierto consenso en la audiencia, independientemente de su composición, cuando explicaba la capacidad de la ciencia para describir el mundo físico y los procesos naturales que hacen que las cosas sean como son. En general, se estaba de acuerdo con que no se discute un enunciado científico, si ha sido comprobado empíricamente y goza de la aceptación de la comunidad científica. Había, por así decirlo, una confianza general en la ciencia más allá de sus mencionadas limitaciones.

Pero en los últimos cinco o seis años se percibe un movimiento de contestación creciente que no procede precisamente del ámbito religioso, no al menos del catolicismo ni de corrientes mayoritarias de otras religiones. Este movimiento, plural y difuso, entretejido de negacionismos varios, presentados como alternativos en las redes sociales, ha sido alimentado sobre todo desde lo ideológico y duda incluso de afirmaciones tan asentadas como que la tierra es aproximadamente esférica, que los seres vivos evolucionan o que las vacunas reducen la mortalidad, por poner solo algunos ejemplos.

Creo que este fenómeno de sospechar de todo, de alimentar la duda, de generar teorías conspiratorias y delirantes hechos alternativos tiene más que ver con el auge populista, el clima de polarización social y el extremismo político al que asistimos en los últimos años a nivel global que con la religiosidad. Desde este tipo de posturas tampoco el diálogo es posible, porque no se puede avanzar hacia la verdad junto a aquel que no está interesado en ella, la oculta o la manipula en función de sus propios intereses emotivos o políticos.

5
La ciencia puede facilitar el encuentro con Dios

Espacios de interacción y aportaciones mutuas

Pese a todo lo dicho, encontrar espacios comunes que puedan servir como lugar de encuentro a la ciencia y la teología no resulta difícil. El hecho de que a lo largo de la historia ambas disciplinas hayan chocado indica que esos lugares existen, aunque a veces se hayan intentado ocupar sin dejar espacio al otro. La historia del universo, el tamaño del cosmos y la posición del ser humano en él, el comienzo y el final de la vida, la naturaleza del ser humano o la manera en la que percibe la realidad y se hace cargo de ella son solo algunos ejemplos.

En estas situaciones y en muchas otras es posible dar algunos ejemplos de aportaciones que ciencia y teología pueden hacerse la una a la otra.

Aportaciones de la ciencia a la teología

La teología debe aprovechar de la ciencia el conocimiento concreto del mundo físico que ella, por sí sola, no puede alcanzar. Este conocimiento es fundamental para su posterior reflexión sobre otros aspectos. Por ejemplo, no es lo mismo hablar de la realidad como algo inmutable que como algo inacabado y en continua evolución. Lo mismo se podría aplicar a la historia y a la propia naturaleza de la persona humana.

Además, la teología puede encontrar apoyo en la ciencia a la hora de considerar situaciones morales relacionadas con la vida y la naturaleza. Por ejemplo, en la reflexión bioética sobre el principio de la vida, la enfermedad y el dolor, el final de la vida y la muerte, la luz del conocimiento científico ayuda a clarificar situaciones y evitar juicios inexactos.

Aportaciones de la teología a la ciencia

Lo primero que la teología puede aportar a la ciencia es un marco de referencia que impulse y oriente la actividad científica. Quienes vivimos en una sociedad determinada en un momento concreto de la historia compartimos una cosmovisión que enmarca nuestro dinamismo como sociedad. La teología aporta presupuestos de partida a la ciencia, y referencias para orientar su labor. Por ejemplo, si la teología plantea un universo ordenado y lógico, la ciencia ha investigado y formulado leyes que explican ese orden. Galileo, y muchos otros antes que él, se permitieron mirar al cielo en busca de lógica y relación porque no solo percibían que esto existe en el universo, sino que creían que el ser humano tiene dignidad y capacidad para comprenderlo.

Al igual que aporta un punto de partida, la teología ofrece un punto de llegada, un contexto en el que dar sentido al resultado de una investigación. Una observación científica no se explica por sí sola, hace falta un marco de referencia que ayude a interpretar los resultados, extraer conclusiones y buscar aplicaciones correctas.

Pero el marco puede ser aún más amplio, pues la teología aporta también un sentido crítico que ayuda a discernir qué investigar, en qué asuntos es más importante invertir desde el punto de vista del progreso humano y qué métodos son los más adecuados. Recordemos que la ciencia no incluye la reflexión ética en su método, aunque muchos científicos son capaces de hacer esa reflexión. La teología, desde su reflexión moral y desde otras disciplinas, puede orientar a la ciencia en estas situaciones.

Un ejemplo para ilustrar esto es la cuestión del inicio de la vida humana. La ciencia puede describir con precisión lo que sucede en las primeras horas tras la unión de óvulo y espermatozoide para formar un cigoto y en las primeras etapas del desarrollo embrionario. Pero no puede decidir por sí sola qué es una persona humana. El diálogo con otras disciplinas como la filosofía o la teología es necesario para arrojar luz sobre ese debate.

Lo que dice la ciencia es compatible con el Dios de Jesús

Es poco discutible que ni la teología ni la ciencia pueden demostrar empíricamente la existencia o inexistencia de Dios, por mucho que se empeñen. Pero sí es perfectamente razonable, con todo lo que la ciencia nos dice de la creación, creer en un Dios que crea por amor y que es fundamento y meta de lo creado.

La ciencia no necesita a Dios como hipótesis y hace bien. Si los científicos partieran de hipótesis que incluyen a Dios no estarían realmente haciendo ciencia, dado que Dios no es un dato observable ni medible. El esfuerzo de la ciencia por conocer siempre más es legítimo, loable, necesario y acorde con la dignidad del ser humano. Pero también es razonable el esfuerzo de llegar a una síntesis unificadora entre ciencia y fe, entre lo que los creyentes conocemos y lo que creemos. En último término, es posible encontrar indicios que nos acercan a Dios en aquello que la ciencia va descubriendo.

En su artículo *Teísmo, materialismo y cosmología*, Francisco José Soler Gil habla de la objetualidad, la racionalidad y la finalidad del universo como características propias de un cosmos teísta. Vamos a seguir esas pistas, añadiendo otras que nos ayuden a relacionarlo no solo con un Dios cualquiera, sino con el Dios que descubrimos en Jesús de Nazaret.

El universo es comprensible para el ser humano

Un hecho curioso sobre el universo es que, pese a su enormidad, puede ser medido. Podemos estimar su tamaño y edad, cuánto tardaríamos en llegar al sol o la temperatura en el núcleo de Saturno. Pueden ser estimaciones incompletas o incorrectas, pero indican que es posible pensar el universo como un todo limitado, una unidad o un objeto.

Por otro lado, es curioso que, siendo tan grande, sus dinámicas puedan caracterizarse con un conjunto de ecuaciones relativamente pequeño. Podemos pensar el universo como un todo ordenado y racional. Que este orden esté al alcance de la comprensión del ser humano es importante, como veremos más adelante.

Intuición de propósito: el ajuste fino del universo

Además las ecuaciones que describen la evolución del universo y sus procesos dependen de un número relativamente reducido de parámetros que determinan las leyes naturales. Estas leyes son las que, en última instancia, permiten que las cosas sean como son. Pues bien, esos parámetros adoptan unos valores concretos, de modo que, si su valor fuese ligerísimamente distinto, la vida como la conocemos no sería posible.

Un ejemplo sencillo es el valor de la constante gravitatoria en la tierra, 9,81 m/s^2. Si fuese mucho mayor, podríamos morir aplastados por nuestro propio peso. Si fuese solo ligeramente superior, no podríamos movernos, levantarnos de la cama, coger a un bebé o subir las escaleras. Si fuese menor, no podríamos mantenernos unidos al suelo.

Otro ejemplo es el dc la ley de la gravitación universal de Newton, según la cual dos cuerpos separados por una distancia ejercen uno sobre otro una fuerza proporcional al producto de sus masas e inversamente proporcional al cuadrado de la distancia. Esta ley rige el movimiento de los planetas en sus órbitas y su constante de proporcionalidad, llamada G, toma un valor concreto. Si ese valor variase lo más mínimo, todo el equilibrio en el que se encuentra el universo se vendría abajo. La consecuencia sería la «no existencia».

Estos son algunos ejemplos, y hay muchos más, de lo que los científicos llaman *ajuste fino*: el universo como lo conocemos posee unas características muy particulares que lo hacen «apto para la vida». De ser de otro modo, se habría desarrollado con una configuración «hostil a la vida». Dado que la probabilidad de que haya sucedido lo que conocemos es muy inferior a la de que no hubiera sucedido nada que se pudiera contar, es posible intuir que el universo pueda tener alguna finalidad, algún propósito.

En resumen, de los datos que revela la ciencia deducimos que el universo puede ser percibido como un único objeto, que podemos entenderlo y que parece finamente ajustado para que la vida se haya dado como la conocemos. Es razonable pensar, por tanto, que puede existir un Dios que ha creado el universo como algo distinto de sí mismo, dotándolo de un orden lógico y ordenándolo hacia un fin concreto.

No obstante, ese Dios podría ser cualquiera, no necesariamente el que se revela en Jesús de Nazaret. De modo que ahora toca razonar si lo que la ciencia conoce es compatible con la imagen del Dios de Jesús.

El Dios que crea por amor

La tradición judeocristiana nos dice que Dios crea por amor, gratuitamente, sin ninguna necesidad ni obligación. Si existiera una divinidad capaz de crear un cosmos diferenciado y ordenado, sería un ser de tal poder que difícilmente algo ajeno a Él mismo le hubiera impuesto la obligación de crear. Tampoco tendría mucho sentido que dicha divinidad tuviera la necesidad de crear, dado que indicaría alguna carencia incompatible con la idea de divinidad. En consecuencia, no cabe pensar que Dios cree por necesidad ni por imposición.

De ahí es lógico afirmar que el Dios creador crea libre y gratuitamente, idea compatible con la del Dios cristiano que crea por amor y hace sitio a lo diferente. Esta idea, además, concuerda con la naturaleza trinitaria de Dios, que acoge lo creado y lo invita a compartir su amor.

El Dios que acompaña a su creación, respetando su libertad

El Dios «vivo» de Jesús de Nazaret no es el relojero cósmico que pone en marcha el invento y luego se olvida de él. Para los cristianos, Dios acompaña a su creación, sufre con ella y se hace presente en ella. Esta imagen cuadra mejor con la teoría evolutiva que con cualquier otra. La evidencia de la evolución ayuda a la teología a comprender de qué manera Dios ha creado y recrea continuamente cuanto nos rodea. La imagen de una realidad en constante cambio, de estructuras vivas que evolucionan sin fin, hace pensar que la creación debe ser una actividad continua en la que Dios siempre está implicado.

Además, el creyente descubre en las leyes de la naturaleza y en los procesos evolutivos la acción de Dios creador. Si lo creado es realmente libre, Dios no puede intervenir puntualmente según su capricho alterando dichas leyes, suplantando a su creación en el ejercicio de su libertad y limitando su autonomía.

El lugar destacado del ser humano

La tradición judeocristiana nos dice que Dios crea al ser humano a su imagen y semejanza, esto es, con la más alta dignidad. Sabemos que podemos comprender y estudiar este universo ordenado. Pero también podemos crear, adaptar, modificar, cuidar o echar a perder la creación.

Si el mundo es creado por Dios con un orden intrínseco, y si hemos sido creados a imagen suya, es lógico que dicho orden pueda ser aprehendido por nuestras mentes. Si además tenemos la más alta dignidad porque somos imagen de Dios, es razonable pensar que podamos participar de su labor creadora.

Llamados a la salvación

La idea del cosmos creado con una finalidad, ordenado a algo, posibilita la imagen del Dios que crea para la salvación. La misma evolución nos ofrece una pista en este caso: cuanto más evolucionado es un organismo, más desarrolla capacidades relacionadas con la sensibilidad, la conciencia y la capacidad de reconocer la alteridad.

Los seres humanos somos en relación. En su camino de perfeccionamiento la persona humana, cuanto más «trabajada» está, más consciente es de cuanto le rodea, más sensible es a lo que sucede a su alrededor, más goza con la alegría de otros y más le duele su sufrimiento.

Desde una comprensión de la salvación como vida en plenitud, y en diálogo con la visión evolutiva de la creación, es posible pensar que el ser humano más evolucionado será más capaz de relación, de compasión, de comunión, de una vida más plena, como aquella a la que sentimos que Dios nos llama.

Seguir descubriendo a Dios en su creación

Queda para el final el siguiente paso lógico en esta propuesta de relación entre ciencia y fe: tras conocerse, aceptarse con sus respectivos límites, explorar espacios de interacción y aportaciones mutuas y razonar desde la fe que el Dios en el que creemos es compatible con lo que la ciencia expone, queda ver cómo esto nos lleva a seguir descubriéndolo en lo creado. Lo que sigue no pretende ser en absoluto «sentencia en firme», sino intuiciones y pistas que se proponen al lector como ayuda en la tarea de recrear la imagen, siempre incompleta, que manejamos de Dios.

Repensar la acción de Dios

La comprensión de un mundo evolutivo ayuda a entender mejor la forma en que Dios se hace presente en su creación. La evolución encaja mejor con una presencia constante de Dios y con una acción creadora que no es puntual e inicial, sino continua y dinámica, la cual es percibida desde las leyes físicas. La acción creadora de Dios no es una relación física o instrumental, sino que se sitúa en el orden del ser y en el ámbito del sentido.

Esto excluye intervenciones de Dios «a capricho» sobre la realidad. Si nos tomamos en serio la libertad del ser humano y la autonomía de lo creado, la imagen intervencionista de Dios genera problemas. ¿Por qué Dios no actúa para evitar el mal y hacer el bien? ¿Por qué antes ocurrían milagros que no ocurren ahora? La comprensión del milagro como acción de Dios que altera las estructuras naturales deja paso a otra que pone el acento en el punto de vista del observador y su actitud ante lo real. Para el creyente, la realidad está habitada por la presencia de Dios. Pero que Dios actúe en la historia no significa que lo haga como causa física, sino que la anima y sostiene, y se revela en sus acontecimientos. Como escribe Vicente Vide, el milagro no fuerza la fe, sino que la pide y la confirma.

Repensar el poder de Dios

La reflexión sobre la manera de actuar de Dios nos lleva a replantearnos otra cualidad que solemos atribuirle, que es la omnipotencia. De lo anterior se deduce que, si Dios es omnipotente, lo es de un modo distinto al que los seres humanos lo concebimos.

Para empezar, que Dios no actúe puntualmente como causa física en la realidad implica «que no se salta sus propias normas», es decir, que respeta las leyes físicas, pero también la dignidad, la libertad y la autonomía de lo creado. Los que somos padres sabemos que nuestros hijos necesitan tiempo y espacio para llegar a ser quienes son, recorriendo a su ritmo su propio camino. Ocasionalmente, sentimos la tentación de intervenir para que sean lo que a nosotros nos gustaría que fueran. Vencer esa tentación es difícil, y se puede caer en ella si generamos un ambiente opresivo que no les permita realmente crecer.

Algunos autores sugieren que algo parecido sucede con Dios, que realiza un esfuerzo de autolimitación que la teología llama *kénosis,* que en griego vendría a significar «autovaciamiento». Este término surge de la reflexión paulina sobre la encarnación de Cristo, que se despoja de su condición divina para compartir la condición humana. Dios, por tanto, renunciaría a su poder para dejar espacio para que la creación sea. Este ejercicio de renuncia, de «abajamiento» de Dios, invita a pensar que sus caminos son más los del amor que los del sometimiento, y que decir que Dios todo lo puede es reconocer el amor como la mayor fuerza transformadora de la realidad.

Repensar el mal y el sufrimiento

El mal es la gran pregunta del ser humano. ¿Por qué existe el mal? ¿Qué sentido tiene? Para los cristianos, que confesamos a un Dios que es amor, este problema de primer orden se resume en la siguiente pregunta: ¿por qué Dios, que crea por amor, permite que suframos? No creo posible encontrar una respuesta definitiva y satisfactoria a esta pregunta, ni en el ámbito intelectual ni en el de la experiencia. Pero algunas ideas sugeridas arriba nos pueden ayudar a convivir mejor con ella.

Desde la imagen de un universo en constante evolución, hay que asumir que todo tiene un final de manera natural y que ese final es el principio de otra cosa. El dolor y la muerte son la marca de la evolución. Lo nuevo surge tras la muerte de lo antiguo. El mismo Jesús recurre a esta imagen («si el grano no muere, no da fruto») y Pablo de Tarso habla de «dolores de parto» que alumbran una nueva humanidad. Realidades tremendas como la enfermedad, el sufrimiento o la muerte pueden afrontarse de otro modo desde aquí. Esto no pretende negar el dolor, pero puede ayudar a transitarlo.

De lo expuesto antes tampoco cabe pensar en un Dios que puntualmente actúe sobre la realidad, ni para dispensar el mal, ni para evitarlo. Pero la experiencia nos sigue diciendo que el mal y la injusticia son abrumadores. ¿Merece la pena tanto sufrimiento para salvaguardar la creación, su autonomía y su libertad?, ¿cómo salvar la imagen de un Dios que nos ama, incluso con estos atenuantes? Esto solo es posible si Dios mismo se introduce en su creación, compartiendo su dolor. Suficiente o no, esta es precisamente la respuesta cristiana al problema del mal, como revela Jesús en la cruz.

Repensar la posición del ser humano en la creación

Pocos ejemplos de complementariedad entre ciencia y fe surgen con tanta claridad como el de la ecología. Especialmente a raíz de la publicación de *Laudato si'* en 2015, creo que ha quedado bastante asumido que la crisis ecológica y social constituye un camino de conversión para los cristianos.

Se da aquí una interesante paradoja: por un lado, la ciencia revela que la crisis ecológica tiene su origen en el ser humano y su modo inadecuado de relacionarse con la realidad. Por otro, la tecnología nos ofrece un poder cada vez mayor sobre el medio. Este poder, aliado con el capitalismo consumista que nos ofrece un sueño de crecimiento ilimitado, acelera nuestra capacidad de destrucción.

Pero la ciencia nos recuerda aspectos de nuestra tradición que tal vez hemos olvidado. Nos ayuda a reconocernos limitados e interdependientes, a entendernos como una criatura más en un mundo lleno de vida. La creación no es el decorado en el que tiene lugar esa historia de la que somos orgullosos protagonistas,

sino que es compañera de camino hacia la plenitud. Porque, como ya revelan los relatos sobre la creación en el Génesis, todo lo creado
por Dios es bueno, es decir, querido por Él y
destinado a Él.

La ciencia nos anima a releer estos relatos
desde claves como la dignidad y la relación.
Hoy nos sabemos habitantes de un pequeño
planeta de un sistema solar periférico en una
galaxia entre los millones que existen en un
vastísimo universo en expansión. Esto no so-
cava nuestra dignidad, pero pone sobre la mesa
claves fundamentales para entendernos mejor
como la finitud, la fragilidad y la interdepen-
dencia. En diálogo con la ciencia, descubrimos
que el paradigma de dominación, explotación,
consumismo e individualismo debe ser sustituido por otro más comunitario, solidario, relacio-
nal y del cuidado.

6
A modo de conclusión: un misterio de amor

Llegamos al final de este libro, que en realidad solo supone el tramo inicial de un camino que apenas hemos comenzado a recorrer. La breve extensión de este texto no hace posible ir más allá, y en todas las cuestiones planteadas se puede profundizar. Queda como tarea para el lector interesado seguir indagando, si cree que este camino espiritual puede ayudarle a vivir su fe de manera más integrada y plena.

En el ejercicio de la ciencia, en la búsqueda del conocimiento y la verdad, hay un esfuerzo admirable y absolutamente legítimo del ser humano de ir más allá, de trascender y de vivir con plenitud, expresando al máximo su potencial. Esto es precioso y conmovedor. Este enorme esfuerzo colectivo de la humanidad puede ayudar a los creyentes a descubrir el misterio del amor de Dios, en el encuentro con Él a través de su creación.

Sin embargo, lo que esta revela no supone nunca una demostración evidente de la existencia de Dios. Ninguno de los ejemplos de teología natural a los que he recurrido para explicarme son pruebas ni demostraciones de ella. Son indicios, indicadores que apuntan a una historia más grande y profunda, la de la fe de cada uno, que discurre por otros senderos. Pero el conocimiento del mundo físico puede enriquecer y dar mayor sentido y plenitud a esta experiencia, que para el cristiano alcanza su cenit en Jesús de Nazaret y el misterio de la encarnación.

Y creo que este acontecimiento adquiere mayor valor bajo algunas de las luces que aquí he intentado encender. En la encarnación, en el acontecimiento histórico de Jesús de Nazaret, asistimos al misterio de un amor tan grande que el mismo Dios se abaja hasta asumir nuestra condición. En Jesús, Dios se introduce con todas las consecuencias en su creación: nace de mujer, es envuelto en pañales, crece en una familia, madura lentamente, aprende a conocerse, duda, se conecta emocionalmente con su entorno, conoce la amistad, toma opciones, ríe, llora, se conmueve, se compadece, se implica, sufre, muere. Asumir que en este camino no se salta las reglas –las leyes físicas de la naturaleza–, que no ve el mundo desde fuera, que todo sucede sin trampas ni atajos, nos acerca un poco más al misterio del amor de Dios por su creación.

Para una reflexión personal

Lee los siguientes textos, extraídos del pensamiento y la obra de cuatro grandes científicos y divulgadores de la ciencia. Puedes intentar rezar con ellos, si quieres. Las siguientes preguntas te pueden ayudar a interiorizar y reflexionar:

- ¿Qué sentimientos o imágenes brotan en ti después de leer el texto?
- ¿Qué te sugieren los textos sobre el ser humano y el mundo en el que vivimos?
- ¿Qué te sugieren los textos sobre Dios?
- Como cristiano, ¿a qué te sientes llamado tras su lectura?

Hay demasiada miseria en este mundo, pero no puedo mirar a este universo maravilloso y concluir que todo es producto de la fuerza bruta... Me inclino a pensar que todo resulta de leyes diseñadas, con los detalles, buenos o malos, dejados a lo que podemos llamar *azar*. Siento muy profundamente que estas cosas son demasiado difíciles para la inteligencia humana. Igual podría un perro especular sobre la mente de Newton.

CHARLES DARWIN

La experiencia más bella y profunda que podemos sentir es el misterio... percibir que, tras lo que podemos experimentar, se oculta algo inalcanzable a nuestros sentidos, la razón más profunda y la belleza más radical, algo que solo nos resulta accesible de un modo indirecto. Ese conocimiento y esa emoción son la verdadera religiosidad. En este sentido, yo soy religioso.

ALBERT EINSTEIN

La civilización occidental se basa en dos herencias. Una es la del espíritu de aventura en lo desconocido, la ciencia, la actitud de que nada es completamente seguro, es decir, la humildad del intelecto. La otra es la ética cristiana, el amor, la hermandad entre todos los hombres, el valor del individuo, o sea, la humildad del espíritu. ¿Cómo conseguir la inspiración para que esos dos pilares se mantengan juntos, en pleno vigor y sin temores mutuos? Ese es el problema central de nuestro tiempo.

RICHARD FEYNMAN

Los científicos apelamos a la comunidad religiosa del mundo para comprometernos a preservar el medioambiente de la Tierra. Como científicos, muchos de nosotros hemos tenido experiencias profundas de respeto y reverencia ante el universo. Nuestro hogar planetario debe considerarse sagrado y los esfuerzos por salvar el medioambiente deben ser infundidos con una visión de lo sagrado. Esperamos que este llamamiento estimule un espíritu de causa común y acción conjunta para salvar la Tierra.

CARL SAGAN

Para una reflexión grupal

Se proponen dos ejemplos de crítica de la respuesta religiosa que proceden desde diferentes ámbitos de la ciencia. En grupo, discutid qué se puede aprender de esta crítica y qué se podría argumentar desde una perspectiva creyente.

Texto 1

El Dios del Antiguo Testamento, se puede argumentar, es el carácter más desagradable en toda ficción: celoso y orgulloso de serlo, cerrado de mente, injusto, severo y obsesionado con el control, vengativo, un limpiador étnico sediento de sangre, un misógino, homófobo, racista, infanticida, genocida, filicida, productor de pestilencias, megalomaníaco, sadomasoquista, caprichoso y un matón malevolente.

[...] La más antigua de las tres religiones abra-
hámicas, y el claro antepasado de las otras dos,
es el judaísmo: originalmente un culto tribal a un
solo y ferozmente desagradable Dios, mórbida-
mente obsesionado con las restricciones sexuales,
con el olor de la carne chamuscada, con su propia
superioridad sobre los dioses rivales y con la exclusividad de su escogida tribu del desierto. Durante
la ocupación romana de Palestina, el cristianismo
fue fundado por Pablo de Tarso como una menos
inmisericorde secta monoteísta del judaísmo y
menos exclusiva, que miraba más allá de los judíos
hacia el resto del mundo. Varios siglos después,
Mahoma y sus seguidores se revirtieron hacia el
monoteísmo sin concesiones del judaísmo origi-
nal, pero no a su exclusividad, y fundaron el islam
sobre un nuevo libro sagrado: el Corán o *Qur'am,*
añadiendo una poderosa ideología de conquista
militar para diseminar la fe.

RICHARD DAWKINS, *El espejismo de Dios*, Espasa,
Madrid 2017 (Transworld Publishers,
Boston-Nueva York 2006)

Texto 2

La idea de Dios es muy especial. No en vano tiene una larga historia, milenaria, arropada de emoción y sentimientos, y amasada con una vorágine sucesiva de culturas diferentes. Sin embargo, cuando se descascarilla de todo ropaje emocional, se comprueba que no deja de ser eso, una idea más entre todas las que construye y produce el cerebro humano. La religión, o Dios, es un producto cognitivo más de la mente humana, sin ninguna connotación sobrenatural. [...]

Hasta donde alcanzamos a ver, la religión es un proceso cognitivo, para nada distinto de cualquier otro. Por tanto, y a la luz de la ciencia actual, aquellas palabras del Génesis que indican que Dios hizo al hombre a su imagen y semejanza comienzan a disiparse. Y es también a esa misma luz de la ciencia que bien pudieran aparecer en el horizonte aquellas otras palabras de «... y el hombre creó a Dios a su imagen y semejanza».

FRANCISCO MORA TERUEL, *Y el cerebro creó a Dios*, en Redes para la ciencia 16 (2011) 8-13

Bibliografía

M. Y. Bolloré-O. Bonnasies, *Dios, la ciencia, las pruebas. El albor de una revolución*, Funambulista, Madrid 2021. El último fenómeno editorial sobre el tema y éxito de ventas en Francia. Dos ingenieros, en colaboración con una veintena de especialistas, intentan arrojar luz sobre la existencia de Dios desde los avances científicos más recientes. Dado su impacto social tiene interés incluir aquí esta referencia.

A. Flew, *Dios existe*, Trotta, Madrid 2013. Antony Flew fue un filósofo que durante mucho tiempo defendió y fue punta de lanza del ateísmo filosófico, escribiendo importantes títulos sobre el tema y protagonizando debates relevantes. En esta obra da un giro de ciento ochenta grados para defender que la hipótesis más razonable es la de la existencia de Dios. El impacto de la obra fue total y su valor estriba en que su conversión no es religiosa o mística, sino que sigue estrictamente argumentos racionales.

A. McGrath, *La ciencia desde la fe,* Espasa, Madrid 2016. Un libro que toca las grandes cuestiones en el debate fe-ciencia de una manera rigurosa y accesible para cualquier lector. McGrath es biofísico y teólogo, profesor en la Universidad de Oxford de Ciencia y religión.

J. Polkinghorne, *Ciencia y Teología. Una introducción,* Sal Terrae, Santander 2000. Una de las grandes referencias bibliográficas en la materia. Completa, rigurosa y lúcida, toca todas las cuestiones de interés e ilumina el panorama desde ambas perspectivas. Polkinghorne es una de las grandes voces sobre la materia, pionero en este tipo de estudios; aquí nos ofrece una visión de conjunto muy clara que incluye la capacidad de la ciencia y la religión para cooperar y esclarecer juntas la verdad.

J. POLKINGHORNE (ed.), *La obra del amor. La creación como kénosis*, Verbo Divino, Estella 2001. Este volumen, del que John Polkinghorne es editor, incluye la voz de once autores expertos en diversos campos de la ciencia que ponen su disciplina en diálogo con la fe religiosa. Tomando como centro la idea mencionada en nuestro texto de *kénosis* —ese autoabajamiento de Dios que deja espacio a la creación para ser y desarrollarse— exponen una visión religiosa del mundo iluminada por lo que la ciencia va desvelando en campos como la biología, la evolución, la cosmología y la naturaleza humana.

J. M. TEMPLETON-K. S. GINIGER (eds.), *Evolución espiritual. Diez científicos escriben sobre su fe*, Sal Terrae, Santander 2019. En este volumen diez reputados científicos, expertos y referentes en campos como la física, las matemáticas, la astronomía, la medicina o la filosofía, ofrecen su testimonio de fe, su experiencia vital y su proceso personal para compatibilizar la comprensión de la presencia de Dios en su vida con la perspectiva de las ciencias.

M. R. VIGURI (ed.), *Ciencia y Dios*, Desclée de Brouwer, Bilbao 2011[2]. Siete científicos españoles reflexionan sobre la relación entre ciencia y religión, poniendo en diálogo su fe cristiana con los avances científicos más recientes en campos como la evolución, la cosmología o la neurociencia. Riguroso y accesible, de lectura muy recomendable.

Índice